LALAU E LAURABEATRIZ

PALMAS PARA O BICHO QUE ELE MERECE!

MÃO-PELADA
ENCONTRADO EM
TODO O BRASIL

Companhia das Letrinhas

Copyright do texto © 2023 by Lalau
Copyright das ilustrações © 2023 by Laurabeatriz

Grafia atualizada segundo o Acordo Ortográfico da Língua
Portuguesa de 1990, que entrou em vigor no Brasil em 2009.

Revisão:
BONIE SANTOS
NANA RODRIGUES

Tratamento de imagem:
M GALLEGO • STUDIO DE ARTES GRÁFICAS

Dados Internacionais de Catalogação na Publicação (CIP)
(Câmara Brasileira do Livro, SP, Brasil)

Lalau
    Palmas para o bicho que ele merece! / Lalau ; ilustração
Laurabeatriz. — 1ª ed. — São Paulo: Companhia das
Letrinhas, 2023.

    ISBN 978-65-81776-69-5

    1. Rimas — Literatura infantojuvenil I. Laurabeatriz.
II. Título.

23-141094	CDD-028.5

Índices para catálogo sistemático:
1. Rimas : Literatura infantil 028.5
2. Rimas : Literatura infantojuvenil 028.5

Eliete Marques da Silva — Bibliotecária — CRB-8/9380

Todos os direitos desta edição reservados à
EDITORA SCHWARCZ S.A.
Rua Bandeira Paulista, 702, cj. 32
04532-002 — São Paulo — SP — Brasil
☎ (11) 3707-3500
🔗 www.companhiadasletrinhas.com.br
🔗 www.blogdaletrinhas.com.br
📷 /companhiadasletrinhas
📘 companhiadasletrinhas
▶ /CanalLetrinhaZ

PARA CAMILA WERNER.

CORUJA-BURAQUEIRA
ENCONTRADA EM TODO O BRASIL,
EXCETO EM ÁREAS DE FLORESTAS DENSAS

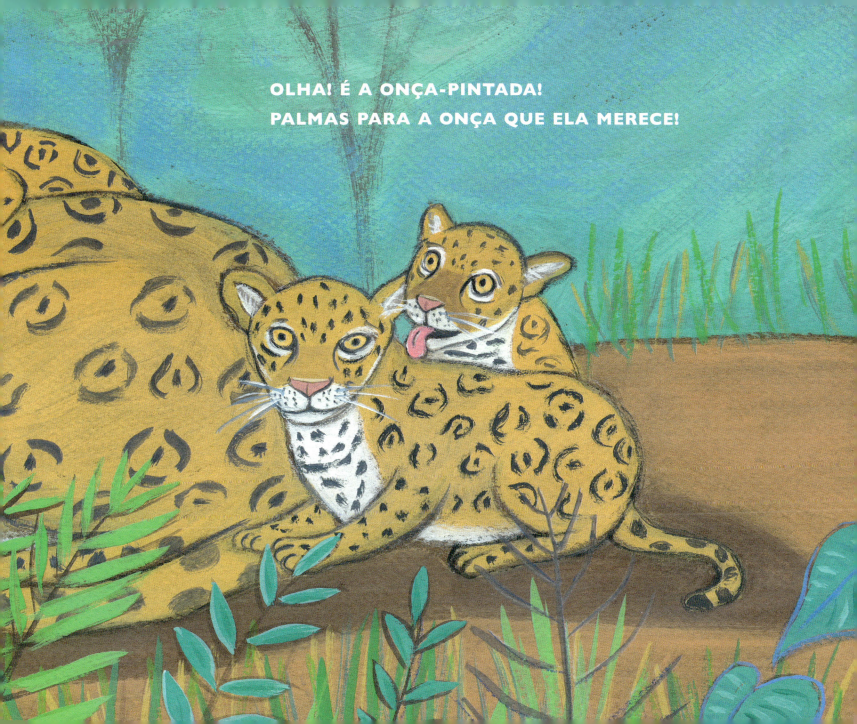

DETRÁS DE UM ARBUSTO DO CERRADO,
UM NARIZ COMPRIDO APARECE.

NA BEIRA DE UM RIO DO PANTANAL,
UMA BOCA BEM GRANDE APARECE.

NO CAMPO VERDINHO DO PAMPA GAÚCHO,
UM RABINHO PRETO E BRANCO APARECE.

PAPAGAIO-CHAUÁ
ENCONTRADO EM ALGUNS
PONTOS DA MATA ATLÂNTICA

CERVO-DO-PANTANAL
ENCONTRADO NO PANTANAL
E EM OUTRAS REGIÕES
SAZONALMENTE INUNDÁVEIS

SAPO-CURURU
ENCONTRADO NAS REGIÕES SUL,
SUDESTE E CENTRO-OESTE DO BRASIL

SOBRE OS AUTORES

A PARCERIA ENTRE LALAU E LAURABEATRIZ COMEÇOU EM
1994, AQUI MESMO NA COMPANHIA DAS LETRINHAS, COM O
LANÇAMENTO DE *BEM-TE-VI E OUTRAS POESIAS*. JÁ PUBLICARAM
DEZENAS DE LIVROS PARA CRIANÇAS. A PAIXÃO PELA FAUNA
E A PRESERVAÇÃO DA NATUREZA, PRINCIPALMENTE DO BRASIL,
ESTÃO PRESENTES EM GRANDE PARTE DAS OBRAS DA DUPLA.
PALMAS PARA ELES TAMBÉM!

LALAU É PAULISTA E POETA,
LAURABEATRIZ É CARIOCA E ARTISTA PLÁSTICA.

A marca FSC® é a garantia de que a madeira utilizada na fabricação do papel deste livro provém de florestas que foram gerenciadas de maneira ambientalmente correta, socialmente justa e economicamente viável, além de outras fontes de origem controlada.

Esta obra foi composta em Gill Sans e impressa pela Gráfica Bartira em ofsete sobre papel Couché Design Gloss da Suzano S.A. para a Editora Schwarcz em abril de 2023